rororo

ro
ro
ro

Jonathan Chester ist Autor, Filmproduzent, Bergsteiger und außerdem einer der führenden Polarfotografen. Für dieses Buch hat er die besten Bilder von seinen zahlreichen Antarktis-Expeditionen ausgewählt.

Patrick Regan lebt als Autor in Kansas City. Er hat mehr als zwanzig Bücher verfasst.

Jonathan Chester / Patrick Regan

Das Leben ist nicht schwarz und weiß

Die Pinguinschule

Deutsch von Anne Thiem

Rowohlt Taschenbuch Verlag

Deutsche Erstausgabe

Veröffentlicht im Rowohlt Taschenbuch Verlag,
Reinbek bei Hamburg, Januar 2009

Die Originalausgabe erschien 2008
unter dem Titel «Flipping Brilliant»
bei Andrew McMeel Publishing, LLC, Kansas City

Umschlaggestaltung any.way, Cathrin Günther
(Foto: Jonathan Chester)
Satz aus der Bembo PostScript, InDesign,
bei KCS, Buchholz bei Hamburg
Druck und Bindung CPI – Clausen & Bosse, Leck
Printed in Germany
ISBN 978 3 499 24872 6

Einleitung

Wer behauptet, Pinguine könnten nicht fliegen, hat sie noch nie im Wasser gesehen. Ihre kurzen Flügel, die auf dem Land völlig unnütz sind, werden dort zu kräftigen Flossen und ihre ulkig rundlichen Körper zu stromlinienförmigen Torpedos. Die Pinguine gleiten durch das Wasser, schießen aus den Tiefen in die Luft und machen, wonach ihnen der Sinn steht. Im Wasser sind sie voll in ihrem Element.

Davon können wir einiges lernen: Jede Gattung – und jeder einzelne Vertreter dieser Gattung – läuft unter bestimmten Umständen zu Höchstformen auf. Und solche Umstände muss man sich schaffen, um das Leben in vollen Zügen genießen zu können.

Dieses Buch zeigt außergewöhnliche Fotos von Pinguinen in ihrem natürlichen Lebensraum. Aber es ist kein Buch über Pinguine, sondern über andere, irgendwie liebenswerte und flugunfähige Zweibeiner: Es ist ein Buch über uns. Wie Pinguine stolpern wir manchmal und sehen dabei recht unbeholfen aus. Doch trotzdem schlummert auch in uns die Fähigkeit, aus der Tiefe heraus ungeahnte Höhen zu erreichen.

Das Leben ist nicht schwarz und weiß

Es gibt zwei Arten von Pinguinen: Die weißen kommen immer auf dich zu, und die schwarzen gehen immer von dir weg. Das ist wahrscheinlich der älteste Witz in der Antarktis. Und es steckt natürlich kein Körnchen Wahrheit darin. Vielmehr gibt es 17 verschiedene Pinguinarten, und die meisten von ihnen haben zumindest ein paar farbige Flecken. Auch wenn es sehr verführerisch ist, die Welt in schwarz und weiß einzuteilen und rigoros über richtig und falsch zu urteilen – so einfach ist es selten. Stattdessen ist es gerade die Vielfalt von Farben, Gefühlen, Weltanschauungen und Ideen, die das Leben so lebenswert macht.

Lerne, dich zu verteidigen!

Man kann es nicht leugnen: Die Welt ist manchmal ein recht unfreundlicher Ort. Es gibt Grobiane, Raufbolde und andere schlimme Typen da draußen, und früher oder später trifft wohl jeder von uns mal auf jemanden, der sich durch vernünftige Argumente nicht beeindrucken lässt. Verteidige dich – auch wenn das bedeutet, ab und zu eins auf die Mütze zu bekommen. Du wirst feststellen, dass sich hinter einer harten Schale oft ein weicher Kern befindet.

Jeder ist einzigartig – man muss nur genau hinsehen

Comiczeichner lieben Witze über Pinguine und greifen dabei meist auf das immergleiche Klischee zurück: Pinguine sehen alle gleich aus. Nun gut. In unseren Augen ähneln sich die Pinguine einer Gattung vielleicht wie ein Ei dem anderen. Sie selbst aber erkennen sich nicht nur an ihrem Aussehen, sondern auch daran, wie sich der andere anhört oder anfühlt. Sie haben da so einige Tricks auf Lager, über die sich die Biologen noch nicht ganz im Klaren sind. Fakt ist: Klischees verfehlen immer den wahren Kern – bei Pinguinen wie bei Menschen.

Wer nicht balzt, der nicht gewinnt

Wollen Pinguine die Aufmerksamkeit eines potenziellen Partners erregen, stellen sie sich aufrecht hin, ziehen ihre Flügel nach hinten und brüllen in den Himmel. Ein ähnliches Verhalten lässt sich auch bei

Menschen feststellen. Zum Beispiel, wenn eine junge Frau taumelnd auf einem Barhocker sitzt und grölt: «Oje, ich bin ja soo betrunken!» Bei Pinguinen nennt man dieses Verhalten «ekstatischen Balztanz». Bei Menschen könnte man es als den «Ballermann-Brunftruf» bezeichnen.

Kinder lernen mehr von unseren Taten als von unseren Worten

Solange wir nicht imstande sind, die unterschiedlichen Rufe, Pfiffe und Triller der Pinguine zu übersetzen, wird es immer ein Rätsel bleiben, was Pinguineltern ihren Kindern eigentlich sagen. Wir können jedoch beobachten, dass die Jungen lebenswichtige Fähigkeiten (Nahrungssuche, Schwimmen, Orientierung und den Umgang mit Feinden) lernen, indem sie das Verhalten ihrer Eltern nachahmen. Mit Blick auf unsere eigenen Kinder sollte uns das eine Lehre sein: Taten sagen mehr als tausend Worte.

Die Pubertät ist kein Kinderspiel

Kommt ein Pinguin in die Pubertät, werden aus seinem weichen Kinderflaum wasserfeste Erwachsenenfedern. Innerhalb weniger Wochen verwandelt sich der Heranwachsende von einer der süßesten und knuddeligsten Kreaturen der Welt zu einem krächzenden Monster. Jeder, der seine Schulzeit überstanden hat, weiß, wovon die Rede ist.

Pass auf, dass du nicht vom Fleisch fällst!

Würde man die Olsen-Zwillinge für zwei Tage in einen begehbaren Kühlschrank einsperren und zwin-

gen, von ihrem eigenen Körperfett zu zehren, wären sie binnen kürzester Zeit erledigt. Pinguine dagegen halten das Monate aus. Ein paar Pfunde zu viel sind da manchmal sogar ganz willkommen.

Schwarz geht immer

Ein klassischer schwarzer Tuxedo, das kleine Schwarze: In einer Welt, in der ständig neue Trends geschaffen werden und die angesagten Farben mit jeder Jahreszeit wechseln, ist die Farbe Schwarz eine konstante Größe. Sie ist das *Must have* schlechthin, wenn man Eindruck machen will.

Zuhause ist's immer noch am schönsten

Die meisten Pinguine kehren jedes Jahr nach ihrer Wanderschaft zu ihrer Brutstätte zurück. Manche von ihnen reisen dafür meilenweit. Und das, obwohl

der Nistplatz laut, überfüllt und vollgekackt ist – also alles in allem kein Ort, an den man sich gut zurückziehen kann. Aber es ist eben das Zuhause. Und dort ist es, das wusste schon Dorothy aus dem «Zauberer von Oz», einfach immer noch am schönsten.

Schenke deinem Liebsten Aufmerksamkeit

Viele Pinguinpärchen bleiben ihr Leben lang zusammen. Zur Brutzeit kehren sie immer zu derselben Brutstätte zurück, um dort ihren Partner wiederzufinden. Und zwar unter Tausenden von Vögeln, die sich alle für das gleiche Outfit entschieden haben. Wie sie das schaffen? Nun, wenn sich Pinguine das erste Mal paaren, singen sie im Duett und lernen so, die Stimme ihres Partners von der anderer Pinguine zu unterscheiden. Man stelle sich einfach vor, Sonny Bono kommt auf eine Insel, die mit Tausenden Cher-Nachahmerinnen bevölkert ist. Er streift so lange umher und singt «I got you, babe», bis eine von ihnen in der richtigen Tonlage einstimmt. So ungefähr läuft das bei den Pinguinen.

Wenn dich niemand beobachtet, bist du dir selbst am nächsten

Wir wissen ja alle, was Pinguine tagein, tagaus so machen, nicht wahr? Sie stehen in großen Gruppen auf gefrorenem Boden herum und watscheln ab und zu zum Meer. Doch dieses Verhalten beschreibt nur die sprichwörtliche Spitze des Eisbergs. Die meisten Pinguine verbringen mindestens 60 Prozent ihres Lebens im Ozean, wo sie schwimmen, nach Nahrung suchen – und aufpassen, nicht selbst zu Nahrung zu werden. Das tun sie, um das Überleben ihrer Gattung zu gewährleisten, also ihre Jungen zu füttern und ihr Genmaterial weiterzugeben. In großen Gruppen auf gefrorenem Boden stehen sie eigentlich nur herum, sobald Dokumentarfilmer in der Nähe sind.

Einer muss den Anfang machen

Eine Gruppe Adeliepinguine hat sich um eine Eisklippe versammelt. Das Wasser unter ihnen lockt mit Fischen und nahrhaftem Krill. Die Pinguine gehen auf und ab, werfen sich verstohlene Blicke zu und zögern. Sie wissen, dass sie unter der Wasseroberfläche noch etwas anderes erwarten kann: der Natural Born Pinguin Killer, auch bekannt als der Seeleo-

pard. Irgendwann springt endlich ein Pinguin ins Wasser. Überlebt er, folgen die anderen in Scharen. Es bedarf also großen Mutes, um ein Anführer zu sein. Ob dieser Mut manchen Vögeln angeboren ist oder ob sie einfach nur unglücklich standen und geschubst wurden, das wissen wir nicht. Aber sicher ist, dass sich ohne Anführer niemand ins Wasser wagen würde und alle hungrig bleiben müssten.

Ein Tag an der See heilt alle Sorgen

Schon mal bemerkt, dass es an der Küste keine Psychiater gibt? Pinguine jagen im Meer und nisten an Land. Und die Zeit dazwischen? Nun, vielleicht

ist das die Gelegenheit, um ein wenig auszuspannen und eine Pause einzulegen. Nichts ist so wirksam wie ein bisschen Sonne und etwas salzige Luft, um die Stimmung aufzuheitern und den Körper für die Strapazen der kommenden Tage zu stärken.

Sei lieber klug als niedlich (und am besten beides)!

Pinguinbabys sind bezaubernd. Aber die Raubmöwen, die den Himmel über der Antarktis belagern, lieben sie nicht für ihr Aussehen. Wenn Kaiserpinguine Junge bekommen, wechseln sie sich eine Zeitlang mit der Kinderbetreuung und der Nahrungssuche ab. Einige Monate später schwimmen sie dann gemeinsam raus ins offene Meer und gönnen sich dort ein rares Dinner zu zweit. Nur ein paar

Erwachsene bleiben als Babysitter zurück, und die Jungen ahnen instinktiv, dass ihre Überlebenschancen steigen, wenn sie sich zu einer Gruppe zusammenschließen. Bewegt sich eines der Jungen zu weit von den anderen fort, sorgen die Raubmöwen ziemlich sicher dafür, dass es nicht mehr zurückkehrt. Schließlich sind auch sie hungrig – wenn schon nicht annähernd so niedlich wie die Pinguinbabys. Aber in der Natur sind es nun einmal die Stärksten – und die Klügsten –, die überleben.

Kinder sind ein Segen – auch wenn wir manchmal vom Gegenteil überzeugt sind

Während wir Arbeit und Familie unter einen Hut bringen müssen, plagen sich Königspinguine damit, ihre Eier fast zwei Monate lang auf den Füßen zu balancieren, bis die Jungen schlüpfen. Alle Eltern bringen Opfer für ihre Kinder. Aber keiner von ihnen würde behaupten, sie seien der Mühe nicht wert.

Nur der Wille zählt

Hast du auch manchmal das Gefühl, als käme der Wind immer ausgerechnet von vorn? An der Commonwealth-Bucht in der Antarktis haben Schneestürme meist eine Stärke von über 100 Stundenkilo-

metern. Es ist ein Wunder, dass die dort ansässigen Adeliepinguine mit ihren nur vier bis sechs Kilogramm nicht allesamt ins Meer geweht werden. Manchmal ist es eben einfach eine Frage des Willens, mit den Füßen fest auf dem Boden zu bleiben.

So ein Mist

Es gibt Momente im Leben, die sind einfach Mist. Und der prasselt dann oft gleich eimerweise auf uns nieder. Das Wichtigste ist, dass man dem Unausweichlichen in solchen Situationen fachmännisch zu begegnen weiß. Afrikanische Pinguine nutzen Guano etwa als ideales Material zum Nestbau. Eselspinguine (hier im Bild) verwenden es dagegen eher für Dekorationszwecke. Es kommt eben letztlich nur darauf an, aus der Not eine Tugend zu machen.

Renne nicht der Masse hinterher, aber glaube an die Gemeinschaft!

Wir alle brauchen Zeit für uns allein, aber es liegt auch ein bestimmter Zauber darin, schöne Momente

mit anderen zu teilen. Ob es das Anfeuern der eigenen Mannschaft ist, die Freude am gemeinsamen Singen oder das Bestaunen eines Feuerwerks am Himmel – es ist erhebend, für einen Moment zu etwas dazuzugehören, das größer ist als wir selbst.

Manche Dinge werden wir nie verstehen

Von den Geheimnissen unseres Herzens bis zum Mysterium des Universums: Es gibt Kräfte im Leben, die lassen sich nicht leicht erklären. Wer sie

zu entschlüsseln sucht, ist mutig und bewunderns-
wert. Aber es liegt auch eine Weisheit in der Fest-
stellung: Es ist, wie es ist.

Lerne, Ruhe zu bewahren!

Pinguine wären ausgezeichnete Zen-Buddhisten. Kein anderes Tier kann Stresssituationen derart gelassen durchstehen. Beim Nestbau und Brüten sichert ein ruhiges Verhalten das Überleben der eigenen Gattung. Wenn viel auf dem Spiel steht, ist man zu außergewöhnlichen Kunststücken fähig.

Handle vorausschauend!

Der große Marsch, den Kaiserpinguine vom Meer zu ihrer Brutstätte zurücklegen, gilt zu Recht als ein beeindruckendes Beispiel für Willen und Entschlossenheit. Warum die Vögel ihre Jungen so weit entfernt vom Meer ausbrüten und großziehen möchten, wird dabei oft vergessen. Die Kaiserpinguine

wissen instinktiv, dass die eisige Felsbank im Frühling zu schmelzen beginnt. Ein evolutionäres Versuch-und-Irrtum-Verfahren hat sie gelehrt, dass das Eis zu dünn werden könnte, um sie und ihre Eier zu tragen. Deshalb ziehen sie sich zum Brüten vom Meer zurück. Es geht eben nichts über Vorausschau und Erfahrung.

Es geht nicht immer nur bergauf

Wir alle haben diese Lektion im Physikunterricht gelernt, aber nur wenige von uns wissen sie auf das Leben anzuwenden: Energie kann nicht zerstört werden – sie ändert nur ihre Form. Jeder mühsame Schritt nach oben garantiert immer zugleich einen weniger mühsamen Schritt nach unten. Pinguine sind Meister darin, ihre Reserven nicht unnötig anzuzapfen. Aber sie wissen ebenso, dass man seine Energie auch mal rauslassen muss. Wie so oft kommt es darauf an, beides in einem gesunden Gleichgewicht zu halten.

Zum Kindergroßziehen braucht man zwei

Da Pinguine auf dem Land nisten und im Meer nach Nahrung jagen, müssen sie sich bei der Aufzucht ihrer Jungen aufteilen. Und so passt einer auf das Ei oder den Nachwuchs auf, während der andere auf

Nahrungssuche geht. Eselspinguine wechseln sich auch beim Brüten ab und tauschen fast täglich die Plätze im Nest. Zum Glück können andere Lebewesen – uns eingeschlossen – ein Kind auch allein aufziehen. Aber jeder Betroffene wird beteuern, dass das nicht besonders einfach ist.

Anpassung ist überlebenswichtig

Lass es die Adeliepinguine, die Zügelpinguine oder die Kaiserpinguine sein – Pinguine aus kalten Klimazonen scheinen einfach über die besseren PR-Agenten zu verfügen. Denn in der Tat gibt es auch in tropischen Gefilden Pinguine – wie etwa die Galapagos- oder Humboldtpinguine. Unzählige evo-

lutionäre Veränderungen haben 17 unterschiedliche Pinguinarten hervorgebracht. Wenn sie nicht über die Jahrtausende gelernt hätten, sich an die neuen Umstände anzupassen, gäbe es wahrscheinlich überhaupt keine Pinguine mehr. Das sollte uns lehren, mit den Veränderungen mitzuziehen, anstatt sich von ihnen überrollen zu lassen.

Nutze die Kraft der Natur!

Pinguine nutzen ihre Zweifarbigkeit wie einen eingebauten Thermostat. Ist ihnen kalt, wärmen sie sich, indem sie ihren schwarzen Rücken der Sonne entgegendrehen. Ist ihnen warm, lassen sie die Sonnenstrahlen auf die weiße Vorderseite scheinen. Mit ihren nur walnussgroßen Gehirnen haben sich die Pinguine die Solarenergie zu eigen gemacht. Und was hält uns noch davon ab?

Sei ein Original!

Die Beatles haben unzählige Nachahmer, aber sie werden trotzdem niemals in Vergessenheit geraten.

Geh deinen eigenen Weg!

Tauche ein in das Abenteuer des Lebens!

Ein Pinguin kann täglich ein herzhaftes Mahl genießen – oder selbst als herzhaftes Mahl genossen werden. Das Meer ist für ihn das Leben, und was unter dessen Oberfläche lauert, weiß er erst, nachdem er sie durchbrochen hat. So ist das Leben nun einmal, wenn man Teil einer Nahrungskette ist: oft berauschend, manchmal beängstigend und – ob man will oder nicht – letztlich immer tödlich. Was soll unser kleiner pummeliger Vogel also tun? Fruchtbar sein und sich vermehren oder ängstlich sein und verkalken? Es gibt nur eine Antwort auf diese Frage, und die gilt auch für uns: Tauche ein ins Leben und beginn zu fliegen!

Pinguine, die «Kanarienvögel in der Kohlemine» der Antarktis*

Pinguine sind, wie wir gesehen haben, niedlich, fotogen und erstaunlich anpassungsfähig. Doch sie sind auch wichtig für die Wissenschaft, und Ökologen sehen in ihnen bedeutsame Indikatoren für den Zustand unserer Umwelt.

Was haben uns die Pinguine zu sagen? Alles in allem nichts Gutes. Pinguine sind von einer starken Bevölkerungsabnahme bedroht. Laut der Roten Liste der *World Conservation Union* sind zehn der insgesamt 17 Pinguinarten bedroht: Zwei davon haben noch relativ stabile Bevölkerungszahlen, bei den anderen acht nehmen sie hingegen rapide ab.

Forscher führen das auf die globale Erderwärmung und die Erhöhung der Meerestemperatur zurück, die sich negativ auf das Nahrungsangebot der Pinguine auswirkt. Denn warmes Wasser enthält weniger Sauerstoff, und der ist notwendig, damit sich der Krill, jene an Shrimps erinnernde Beute der Pinguine, vermehren kann. Die Meere der Antarktis gefrieren im südlichen Winter und bilden so die entscheidenden Brutvoraussetzungen für den Krill, der sich von

* Das geflügelte Wort «Kanarienvögel in der Kohlemine» geht auf ein Experiment englischer und amerikanischer Bergarbeiter zurück: Der Zustand der Kanarienvögel, die sie in die Tiefen der Kohlemine mitnahmen, galt ihnen als Indikator für das Ausmaß giftiger Gase.

den mikroskopischen Algen auf der Unterseite des Eises ernährt. Dieses Packeis ist während der letzten fünfzig Jahre um 20 Prozent zurückgegangen. Es ist schwer, den Krill quantitativ zu bestimmen, aber die Zahl der Pinguine, die sich von ihm ernähren, geht in vielen antarktischen Kolonien stark zurück. Daraus können wir schließen, dass es um den Krill ebenfalls schlecht bestellt ist – und damit auch um die anderen Tierarten, die sich von ihm ernähren.

Der Klimawandel mag die größte Bedrohung für Pinguine sein, aber er ist leider nicht die einzige. Eingeführte Feinde wie Hunde, Füchse oder Katzen, das Vordringen der Menschen in die Brutstätten, die Meeresverschmutzung und besonders Ölkatastrophen, Überfischung und Tourismus haben dramatische Auswirkungen auf viele Pinguinarten, allen voran auf die Galapagospinguine, die Gelbaugenpinguine und andere Gattungen aus den nördlicheren Gefilden.

Obwohl wir weit entfernt von unseren befiederten Freunden leben, hat das, was wir am anderen Ende der Welt machen, einen beträchtlichen Einfluss auf ihr Wohlergehen. Führende Forscher haben auf der sechsten weltweiten Pinguinkonferenz in

Australien behauptet: «Wenn Wissenschaftler, Regierungen, Naturschutzvereine und die Öffentlichkeit diesen Trend nicht unverzüglich umkehren, wird die Pinguinpopulation in sich zusammenfallen. Einigen Arten droht das Aussterben.»

Wir können nur hoffen, dass die «Kanarienvögel der Antarktis» nicht dem Schicksal jenes anderen sagenumwobenen Vogels erliegen, des mittlerweile ausgestorbenen Dodos. Sie können dem entgegenwirken, indem Sie eine der folgenden Organisationen kontaktieren:

Antarctic and Southern Ocean Coalition (ASOC)
www.asoc.org

OCEANITES
www.oceanites.org

World Wildlife Fund
www.worldwildlife.org

Sierra Club
www.sierraclub.org/globalwarming

Bildnachweise

Seite 7
Adeliepinguine, Pygoscelis adeliae
Davis Station, Antarktis

Seite 9
Adeliepinguin (links) und Kaiserpinguin (rechts), Aptenodytes forsteri
Auster Rookery, Antarktis

Seite 11
Königspinguine, Aptenodytes patagonica
Südgeorgien (Südatlantik)

Seite 12/13
Adeliepinguine
Commonwealth Bay, Antarktis

Seite 15
Königspinguine
Südgeorgien (Südatlantik)

Seite 17
Königspinguine
Südgeorgien (Südatlantik)

Seite 18/19
Adeliepinguin
Commonwealth Bay, Antarktis

Seite 21
Adeliepinguin
Couverville Island,
Antarktische Halbinsel

Seite 22/23
Königspinguine
St. Andrews Bay, Südgeorgien
(Südatlantik)

Seite 25
Adeliepinguine
Commonwealth Bay, Antarktis

Seite 26
Zügelpinguine
Pygoscelis antarcticus
South Shetland Islands, Antarktis

Seite 27
Königspinguin
Macquarie Island

Seite 28/29
Adeliepinguine
Davis Station, Antarktis

Seite 30/31
Königspinguine
Falklandinseln

Seite 32/33
Kaiserpinguine
Auster Rookery, Antarktis

Seite 35
Königspinguine
Südgeorgien (Südatlantik)

Seite 36/37
Adeliepinguine
Commonwealth Bay, Antarktis

Seite 39
Eselspinguine, Pygoscelis papua
Antarktische Halbinsel

Seite 40/41
Königspinguine
Falklandinseln

Seite 42/43
Adeliepinguine
Paulet Island,
Antarktische Halbinsel

Seite 45
Eselspinguin
Falklandinseln

Seite 46/47
Kaiserpinguine
Auster Rookery, Antarktis

Seite 49
Gelbaugenpinguin
Megadyptes antipodes
Enderby Island, Neuseeland

Seite 50/51
Eselspinguine
Antarktische Halbinsel

Seite 52/53:
Magellanpinguine
Spheniscus magellanicus
Falklandinseln

Seite 55
Adeliepinguine
Commonwealth Bay, Antarktis

Seite 56/57
Königspinguine
Falklandinseln

Seite 59
Eselspinguin
Falklandinseln